A MESSIEURS

LES

MEMBRES DE L'ASSEMBLÉE NATIONALE

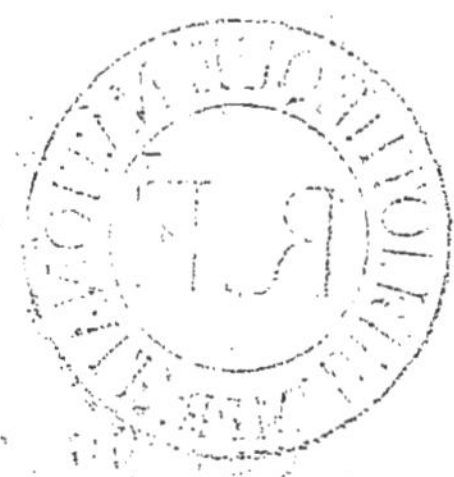

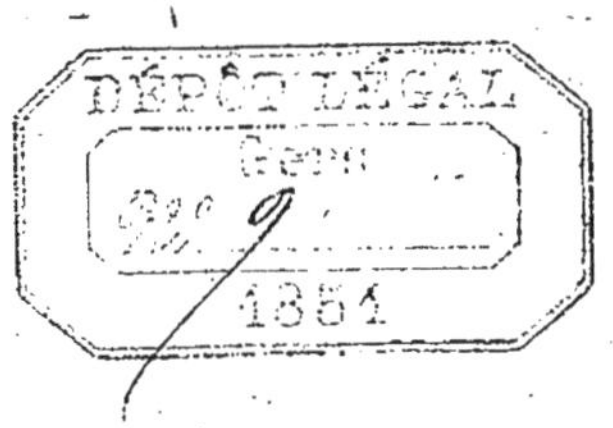

IMPOT

UNIQUE ET PROPORTIONNEL

SUR LE REVENU

A MESSIEURS LES MEMBRES DE L'ASSEMBLÉE NATIONALE

Par HENRI NABOS

Maire de la Ville de Marciac, Membre du Conseil Général

DU GERS

AUCH

Imprimerie Typographique de J. Loubet

Place des Cordeliers, 2

1851

IMPOT

UNIQUE ET PROPORTIONNEL

SUR LE REVENU

A MESSIEURS LES MEMBRES DE L'ASSEMBLÉE NATIONALE

Messieurs,

J'ai toujours été frappé de cette idée qu'il ne faudrait dans un Etat, pour qu'il fût bien administré, qu'une seule Loi des finances; aussi, en 1849, j'ai proposé au Conseil-général du Gers un impôt unique et proportionnel sur le revenu, et je l'ai rendu tellement applicable, que toutes les branches de la fortune publique pourront contribuer aux charges de l'Etat, sans que personne soit excédé.

Le Conseil-général adopta cette proposition, et en ordonna l'impression.

Et comme il importe que les grandes réformes sociales se produisent et se formulent, je vous la présente, Messieurs, afin que l'Assemblée Nationale l'examine, la discute, l'amende, et, si elle pense qu'elle puisse être appliquée lorsque l'état de nos finances est si alarmant, elle veuille bien l'adopter.

La voici :

Séance du 30 Août 1849.

Messieurs, il faut être fort de sa conscience, il faut avoir le sentiment que l'on va rendre un grand service à son pays pour oser entreprendre la tâche pénible et difficile d'attaquer les abus en face, et de leur faire une guerre sans fin.

Aucun de vous, je suppose, ne me fera l'injure de croire que je suis un homme de désordre et de bouleversement ; car, lorsque le sentiment du bien que Dieu mit dans mon cœur n'y serait pas, mon intérêt serait assez puissant pour m'avertir et m'arrêter. Je suis républicain-socialiste, mais homme d'ordre et de progrès. Ainsi donc, j'aborde, sans hésiter, mon système de réformes....

Mais avant tout, Messieurs, afin de bien faire comprendre mes idées, il faut que vous sachiez que le but et la mission de l'impôt unique et proportionnel sur le revenu est d'appeler la totalité des Citoyens à contribuer aux charges de l'Etat proportionnellement au revenu de chacun, ce qui est une chose équitable et juste... puis, que sa mission est aussi d'abolir les impôts qui pèsent si lourdement sur le Peuple... les quatre contributions directes d'abord, puis l'octroi, l'impôt du sel et des boissons... de l'octroi, qui prélève sur la misère et la faim le luxe scandaleux des villes... des théâtres, des trottoirs, des colléges, des hôtels communaux somptueux, un splendide éclairage, des promenades comme des jardins, et cela, au profit et pour l'usage des grands capitalistes, des grands propriétaires, des oisifs, qui jouissent de tout cela au moyen de l'octroi, aux dépens des travailleurs, des pauvres mercenaires, des hommes des champs, qui produisent loin des villes, et dont le produit du travail ne peut arriver au marché que chargé d'impôts... ce qui diminue d'autant le profit qu'ils auraient fait, eux, qui paient ce luxe de leur sueur, et aux dépens de leur existence ; eux, qui ne connaissent de ces jouissances et de ces monuments que l'hôpital !!...

Voilà, Messieurs, quelle est l'importante mission de l'impôt unique et proportionnel. Il était important de vous le dire, afin de vous faire sentir l'impérieuse nécessité de cette réforme qui peut arrêter la crise financière inévitable, qui doit éclater avant long-temps... Et maintenant je vais démontrer qu'elle est possible et immédiatement applicable... que, de plus, tout en diminuant de près de moitié les charges si lourdes qui pèsent sur l'agriculture et la propriété, cette réforme donnera à l'Etat un budget de près de trois milliards, au moyen desquels l'instruction sera gratuite... le transport des lettres et de l'argent gratuit... la culture du tabac libre... l'enregistrement et le timbre gratuits... et la justice enfin, la justice aussi, sera complètement gratuite, les huissiers et les avoués étant alors des fonctionnaires comme les juges.

Ainsi donc, Messieurs, mon système est si simple, si clair, si facilement applicable, que chacun de vous le connaît déjà... Je vous ai dit que l'effet inévitable et sûr de son application serait, tout en procurant au Gouvernement des ressources immenses qu'il ne possède pas aujourd'hui, de diminuer de moitié les charges qui pèsent si lourdement sur l'agriculture et la propriété foncière, et d'éviter un grand malheur qui nous menace... Je vous ai dit aussi, que ces idées se trouvent partout : dans les Chartes, dans les Constitutions, dans les Lois d'impôt, soit en France, soit en Angleterre, soit ailleurs. Seulement, personne n'a réuni ces idées en un faisceau et ne leur a donné un corps, un lien... C'est ce que j'ai fait.

Voici comment j'ai procédé :

J'ai fait trois divisions de l'impôt sur le revenu.

La première, c'est la propriété foncière ;

La deuxième, c'est la propriété mobilière ;

La troisième, c'est le revenu constaté.

Ainsi donc, pour procéder avec ordre, prenons d'abord la première division : La propriété foncière...

Voyons comment elle est imposée aujourd'hui, et comment je propose de remanier cet impôt. Le système de votre impôt actuel repose sur le cadastre qui établit d'une manière incertaine le revenu net de chaque propriétaire... ce revenu est classé dans chaque commune. Cinq classes ont été faites. On a pris la moyenne du revenu net de ces cinq classes, et c'est sur ces bases-là que le répartement de l'impôt a eu lieu.

Maintenant, voici comment le Gouvernement procède pour rétablir son budget et son impôt... il demande à la propriété foncière quatre cents millions, je suppose... alors, cette somme est répartie par département d'abord; puis, par arrondissement, et enfin, par communes et par classes... Voilà de quelle manière votre impôt est établi aujourd'hui.

Eh bien! Messieurs, je dis, avec tout ce que j'ai de conviction dans le cœur et d'intelligence dans la tête, que ce mode d'impôt renferme les plus grandes sources d'erreurs; et la preuve, c'est que vous êtes incessamment forcés de faire des péréquations, des ventilations, des opérations de toute sorte, afin de comparer les revenus et de redresser les erreurs nombreuses qui se sont glissées dans les premiers temps de la répartition de l'impôt, et que vous êtes impuissants à réparer aujourd'hui.

Il faut donc abandonner ce système compliqué et sujet aux erreurs, pour arriver à l'impôt unique et direct du revenu, et voici comment je l'établis pour la propriété foncière.

Aujourd'hui, comme je le disais tout à l'heure, le Gouvernement, pour faire son budget, demande à la propriété foncière un impôt de quatre cents millions environ. La répartition de cette somme est faite par départements, par arrondissements, par communes, et les communes sont divisées en cinq classes.

Eh bien ! d'après mon système, les choses ne se passeraient pas de la sorte ; le Gouvernement ne procèderait pas ainsi ; il ne demanderait pas une somme définie à répartir entre les départements, les arrondissements et les communes ; il imposerait directement le revenu net de chaque champ tel qu'il sera porté au nouveau cadastre et dans une proportion égale pour tous, le dixième je suppose, et cela après une nouvelle péréquation générale, si demandée et si nécessaire... de la sorte, l'impôt n'étant plus imposé par classes, chaque champ sera séparément soumis à un examen d'experts, jurés, qui, aidés des renseignements locaux et de leur propre expérience, estimeront le revenu net, que peut produire chacun de ces champs... De la sorte, on le voit, chacun paiera à raison directe et proportionnelle de son revenu. L'injustice des classes aura disparu, car voici avec ce mode de répartition ce qui se passe aujourd'hui... C'est que les champs de première classe de la Haute-Garonne, par exemple, rapportent au moins vingt pour un, et que les champs de première classe du Gers et des Landes ne rapportent que dix et douze au plus. Cependant, ils paient autant les uns que les autres, les premières classes paient également partout; donc, les uns paient le double des autres. C'est une injustice. Mais cette injustice est inévitable avec le mauvais système d'impôts actuel... Il faut donc le réformer et adopter mon système qui consiste à estimer exactement le revenu de chaque champ. La chose est extrêmement facile et toute injustice est impossible; car chaque propriétaire peut, à ses frais, faire estimer de nouveau son revenu, ce qui aujourd'hui est impossible. Et maintenant, Messieurs, vous le voyez, mon système est si clair, si simple, si facilement applicable, qu'il pourrait être établi dès demain.

Ainsi donc, avec la gêne du Gouvernement et le désordre de nos finances, pour éviter peut-être un grand malheur, il faut appliquer cet impôt à toute la fortune publique, et il faut avoir le courage d'entrer hardiment dans les réformes, car l'état actuel des choses est insoutenable pour tous... Voyez plutôt : à l'heure qu'il est, la propriété foncière paie à l'Etat le sixième de ses revenus ou dix-sept pour cent, tandis que le capital est exempt d'impôts et jouit d'énormes privilèges... C'est une charge insupportable; et cependant, ce n'est pas tout; car, il faut que vous sachiez que la propriété foncière paie indirectement à l'Etat deux ou trois fois plus d'impôts que les quatre contributions directes. Aucun de vous n'ignore que c'est la propriété foncière qui paie l'enregistrement, le timbre, les droits de mutations, l'octroi, les contributions indirectes et autres. Il faut donc, dans l'intérêt de l'ordre, adopter franchement les réformes raisonnables et praticables. Il faut, surtout, mettre en harmonie votre système de Lois sociales, faites sous la monarchie en vue de privilèges, avec votre système de Lois politiques, faites sous la République, en vue de la démocratie et de l'égalité. Il n'est pas un Etat en Europe, Messieurs, qui n'ait constamment cherché à mettre en harmonie ces deux systèmes, chacun selon son principe, car c'est la condition du repos et de la durée des Gouvernements... Voilà les grandes raisons qui militent en faveur du projet que je vous présente...

Maintenant, Messieurs, passons à la deuxième division... la propriété mobilière... En vérité, je suis presque effrayé de l'œuvre que j'entreprends... car c'est ici que je m'attends à trouver les plus grands obstacles, et chacun de vous doit le comprendre. J'ai à heurter des intérêts si puissants, des préventions si grandes, des obstacles, enfin, qui semblent insurmontables!... mais, soutenu par l'amour de mon pays et bien convaincu que je remplis un devoir, je poursuis.

Voici ma deuxième division.

La propriété mobilière, Messieurs, se compose de deux choses : du capital actif et du capital mort... Le capital actif est celui qui produit un revenu quelconque. Le capital inactif ou le capital mort est celui qui ne produit rien, mais dont le propriétaire jouit exclusivement... Eh bien, Messieurs, il s'agit, par l'impôt unique sur le revenu, d'atteindre ces deux sortes de capitaux et de les soumettre à la loi commune. Mais, avant d'entrer dans ces détails, je dois vous signaler une autre grande réforme qui se lie étroitement à l'impôt sur le revenu. C'est un obstacle de plus, je le sens; mais, Messieurs, vous le savez, toute théorie, pour être applicable, doit être rigoureuse.... si on la fait fléchir sur un seul point, son application et sa valeur cessent à l'instant.

Ainsi donc, la réforme que j'ai à vous signaler, c'est la réduction et l'abaissement de l'intérêt légal de l'argent au taux du revenu net de la propriété foncière...., Ceci est capital, et j'appelle toute votre attention là-dessus.... tant qu'il n'y aura pas rapport aussi exact que possible entre le revenu de la terre et le revenu du capital, le capital dévorera la terre. C'est ce qui arrive tous les quarante ans.... je vais le prouver. Le revenu de la terre est au revenu du capital comme sept est à douze. Ainsi, lorsqu'un capitaliste prête une somme quelconque à la propriété foncière, il arrive que, par la différence des revenus, le capital en quarante ans a dévoré la terre. Chacun de vous peut à l'instant s'assurer de l'exactitude de mon calcul.

Dans un but de justice et d'équité, en vue de l'ordre et de la bonne administration de nos finances, il faut donc réduire le taux légal de l'argent et le porter au taux le plus élevé du revenu net de la propriété foncière.... trois pour cent me semble pouvoir être adopté.

Cela posé, nous pouvons franchement entrer dans l'application de l'impôt sur le revenu, à la totalité de la propriété mobilière elle est considérable, il n'y a en réalité que cinq milliards de numéraire, mais il y a plus de cent milliards mis en mouvement par la Banque, les agents de change, les capitalistes, les chemins de fer, les canaux, l'industrie, les arts, le

commerce, et toutes les fournitures et les grandes entreprises qui paieront comme la propriété foncière un impôt unique qui sera fixé. — Aujourd'hui, l'impôt tel qu'il est établi produit au budget plus d'un milliard et demi. Eh bien! comme on le voit, la plus grande partie de la fortune publique n'est pas imposée, — et elle donnera beaucoup plus que le milliard et demi de l'impôt actuel qui est en grande partie dévoré par le nombreux personnel nécessaire à sa perception; tandis que l'impôt unique, appliqué au capital, n'aura besoin que très peu de fonctionnaires et produira, je crois être au-dessous de la vérité, produira au moins deux milliards et demi. — Or, en supprimant toutes les lois actuellement existantes des finances, celle de la propriété foncière exceptée, eh bien! cela donnera à l'Etat près de trois milliards, je ne peux pas le démontrer d'une manière certaine, car il n'est pas donné à un homme isolé et n'ayant aucune autorité sur la multitude des fonctionnaires qui, par des renseignements certains auraient pu le mettre à même de dire d'une manière exacte, la valeur complète de la propriété.... la valeur complète du capital actif et du capital mort... la valeur complète du numéraire... la valeur complète de l'hypothèque qui grève la propriété, et enfin le chiffre exact des appointements des fonctionnaires qui doivent aussi payer l'impôt unique sur le revenu.

C'est au moyen de ces renseignements certains que l'on pourrait établir d'une manière sûre et rigoureuse le revenu net de toute la fortune publique... Le Gouvernement seul le peut... je ne le donne qu'approximativement... car il ne m'est permis de dire que ce qu'il m'était donné de savoir... Faire plus, ce serait une témérité, une présomption... Je dis donc seulement ce que, dans ma position, je puis dire...

Et maintenant, Messieurs, il faut rendre possible l'application de cet impôt et ne pas affecter de puériles frayeurs ou d'insidieuses craintes. Il faut franchement adopter le principe de la Loi qui peut seule établir l'impôt du revenu. Je vous le présente formulé ; le voici :

Tout contrat, tout acte public ou privé ayant pour objet un revenu quelconque qui n'aura pas été soumis à l'enregistrement, conformément à la loi des finances, sera nul de droit et n'aura aucune valeur en justice... Toute l'économie de la Loi avenir sur le revenu est là...

Vous le voyez, Messieurs, ce principe admis, et c'est le seul qui ne puisse pas être éludé, le capital vient de lui-même se faire imposer; car son intérêt est de produire, et il aurait de trop grandes chances de pertes à courir pour qu'il s'exposât, de gaîté de cœur, à ne pas suivre les voies légales. Ainsi donc, au moyen du principe de la nullité des actes de toute nature ayant pour objet un revenu quelconque qui n'aura pas été enregistré, vous aurez la manifestation totale du capital... Je me trompe... il est certains capitaux qui ne peuvent pas être atteints de la sorte : ceux du commerce par exemple. Je vous en parlerai tout-à-l'heure; mais, hors ceux là, vous atteindrez tout ce qui se prête par acte public, par obligation privée, par lettre de change; par toute sorte de contrats enfin... Et savez-vous, Messieurs, ce que la propriété foncière gagnera à l'établissement de cet impôt ?... Elle y gagnera ceci : C'est que le jour où la Loi sur le revenu sera promulguée, elle sera libérée de l'impôt qu'elle paie pour les quinze milliards d'hypothèques qui la grèvent et la ruinent. En vérité, ce sera justice, car le capital, payant pour son revenu, la terre ne doit pas payer pour le même revenu. Ainsi donc, un propriétaire quelconque qui a une hypothèque sur sa propriété a intérêt à ne pas payer l'impôt d'un revenu qu'il n'a pas, et le système que je propose l'y conduit.

Il résulte donc de ce que je viens d'établir, que le capital sera facilement constaté, soit au moyen du Grand-Livre de l'État pour l'inscription des rentes, soit au moyen de l'enregistrement pour les actes publics, et même pour les créances chirographaires, dès qu'il y aura nullité pour tout acte public ou privé, ayant pour objet un revenu quelconque qui n'aura pas été soumis à l'enregistrement où se constatera le capital.

Il me semble que c'est simple et clair. Jusqu'à ce jour, la propriété foncière a seule supporté la charge de l'impôt sur le revenu mal établi et plus mal réparti ; chaque péréquation partielle le prouve. Il est temps d'établir, enfin, le revenu net de la propriété d'une manière générale et sûre, et d'appeler la totalité de la fortune publique à partager les charges de l'Etat.

Maintenant, il me reste à vous dire ce que c'est que le capital inactif ou mort, et comment il peut être atteint aussi par l'impôt sur le revenu. Le capital inactif ou mort, comme je vous l'ai dit, est une branche du capital mobilier qui ne donne aucun revenu à son propriétaire qui, seul, a le privilége d'en jouir ; mais qui, cependant, comme capital, doit un impôt... il se compose des bijoux, des tableaux, des voitures, des chevaux, des mobiliers somptueux, de tous les objets de luxe et de ce genre. Les bijoux sont imposés aujourd'hui par le contrôle apposé sur chaque pièce, confiscable si elle n'en porte pas l'empreinte. Les autres objets ne sont point imposés, mais ils doivent l'être, parce que c'est un capital inactif dont le propriétaire jouit seul. Vous comprenez aussi, Messieurs, combien le recensement en est facile et leur estimation aussi. L'impôt s'établirait donc sur le revenu que pourrait produire le capital au taux de l'argent.

L'équité de cet impôt ne saurait être, je crois, contesté. Il en est du capital mort comme de certaine pelouse dont nous parlait notre honorable Président à la Commission spéciale de péréquation qui, à ce qu'il paraît, coûte à son propriétaire, M. de Rotschild, cinq francs par brin d'herbe, et qui ne donne aucun revenu ; mais le propriétaire en jouit.... Il en serait de même de nos champs, si nous les destinions uniquement à nos plaisirs ; ils n'en paieraient pas moins l'impôt.

Voilà donc, Messieurs, comment il est possible d'atteindre et d'imposer le revenu du capital mobilier de toute la France, par des moyens simples et justes.

Il me reste à vous dire ce que j'entends par le revenu constaté, et comment il est applicable. Le revenu constaté, selon moi, donnera à lui seul à l'Etat plus de six cents millions d'impôt. Le revenu constaté est de deux sortes : 1° Celui produit par les capitaux affectés au commerce qui, à raison de l'éventualité du profit et des chances de perte, ne peut être imposé que du moment qu'il est réalisé et constaté. Voilà pourquoi je l'appelle revenu constaté; puis, secondement, celui qui provient des appointements fixes et constatés. Maintenant, la constatation de ce revenu est-elle possible?... Oui, Messieurs, elle est très possible; je vais vous le démontrer.

Mais, avant toutes choses, je me hâte de vous dire que, si chacun doit participer aux charges de l'Etat dans la proportion de ce qu'il possède, celui qui, en travaillant, manque du nécessaire ne doit rien à l'Etat. Le pauvre et l'ouvrier qui gagnent laborieusement leur pain, à la sueur de leurs fronts, qui trop souvent est arrosé de larmes, ne doivent pas payer d'impôts. Le petit commerce doit être exempt aussi, et même certains revenus constatés. La Loi fixera toutes ces exceptions. Maintenant, je vais vous démontrer la possibilité de constater le revenu du commerce... Chacun de vous sait, Messieurs, que presque toutes les grandes entreprises commerciales ou manufacturières se font en société ou par commandite.

Il y a donc, par conséquent, presque partout acte de société, où le capital social est mentionné avec désignation de la part de chacun. Voilà donc, pour atteindre le revenu, une voie sûre. Je dis une voie infaillible ; car tous les actes sont authentiques et enregistrés. Mais il y a, Messieurs, une autre classe de négociants et de manufacturiers qui n'a pas d'associés et qui possède seule le capital du commerce... Eh bien, pour celle-ci, la constatation du revenu est aussi facile que pour la première, et voici comment : la Loi fait un devoir à tout négociant d'avoir un Grand-Livre, tenu en partie double, sur lequel est porté l'actif et le passif. De sorte que, à la fin de chaque année, la balance se fait sur ce Grand-Livre, ainsi que le veut la Loi, comme garantie pour le commerce.

Vous voyez donc, Messieurs, qu'il est bien facile d'atteindre ce revenu, qui ne peut, en aucune façon, être dissimulé. Voilà pour la constatation du capital et du revenu ; mais est-il possible d'imposer un capital si mobile, un revenu si peu certain ?... Oui, assurément, et d'une manière aussi sûre que pour chacun de nos champs. Voici par quel moyen :... Le revenu dont nous nous occupons est un revenu constaté ; ce n'est donc que lorsqu'il aura été réalisé et constaté qu'il sera imposable. En 1850, par exemple, un négociant paiera le revenu constaté sur son Livre, pour l'année 1849. De la sorte, il ne peut y avoir ni erreurs ni injustices.

Maintenant, je sens qu'il peut être fait, à l'endroit de ces constatations, des objections sérieuses ; car on peut dire que j'expose les négociants dont les affaires ne seront pas bonnes à perdre leur crédit. Je réponds à cette objection : d'abord, qu'il n'y a aucune raison pour publier l'état financier de tel ou tel négociant; qu'ensuite, ce n'est que du revenu qu'il est question et du revenu d'une année expirée. Cette raison ne me semble donc pas assez puissante pour dispenser le commerce de l'impôt sur le revenu. D'ailleurs, il n'y aurait pas grand mal, le cas échéant, à empêcher un négociant de se ruiner et de ruiner les autres en faisant connaître ses affaires. Nous vivons dans un temps où tout doit se faire au grand jour.

La deuxième partie du revenu constaté se compose de toutes les fonctions salariées par l'Etat, au-dessus d'un chiffre qui serait fixé... Vous devez comprendre, Messieurs, à raison du chiffre énorme du budget, de quelle importance serait cet impôt... Et comme il faut que tout subisse la loi commune et que tout privilège disparaisse devant la justice et l'équité de la Loi du revenu, je place tout naturellement à côté des fonctionnaires certaines charges et certains états dont les revenus ne sont pas rigoureusement appréciables, et qui cependant doivent entrer dans la loi commune. Pour ceci, une appréciation pourrait être faite, même sur la déclaration de l'intéressé; car, l'Etat aurait le droit de punir sévèrement ceux qui frauderaient le Trésor public. Dans cette catégorie, je place les médecins, les pharmaciens, les avocats, les avoués, les huissiers, les notaires, enfin toutes les charges ou états similaires.

Maintenant, Messieurs, je crois avoir porté mon investigation partout... Je crois avoir dit ce que c'est que l'impôt unique et proportionnel sur le revenu, et comment il est applicable... Je crois avoir démontré qu'il est destiné à appeler la totalité des Citoyens à contribuer également aux charges de l'Etat, proportionnellement au revenu de chacun, ce qui est une chose équitable et juste. Je vous ai dit qu'il est aussi destiné à remplacer les quatre contributions directes.... l'octroi, l'impôt du sel et des boissons, et toutes les Lois enfin qui pèsent si lourdement sur l'existence du Peuple. C'est la plus grande réforme sociale, celle au moyen de laquelle toutes les autres réformes sont possibles. C'est, pour tous, le plus grand évènement politique et social. C'est la réforme qui doit sauver la France; car, si l'état financier actuel durait encore deux ans, la banqueroute serait inévitable, la France étant complètement épuisée par la non-valeur de ses produits agricoles et l'épuisement de la propriété... et, au contraire, par l'impôt unique et proportionnel sur le revenu, la France, avec trois milliards au budget, en peu d'années, pourrait payer sa dette publique et faire de grandes choses... améliorer le sort du Peuple qui souffre et vit dans la misère la plus profonde; — l'instruire gratuitement pour le moraliser; — tuer la misère et le paupérisme en donnant une retraite au vieillard et à l'invalide, et à la veuve et à l'orphelin du pain... Alors, les chances des révolutions diminueront à raison directe de ce que l'on aura fait pour le Peuple.

Cela établi, Messieurs, je me résume et je dis :

1° A la place de l'impôt foncier, tel qu'il est établi aujourd'hui avec son système compliqué et ses erreurs, je propose de substituer l'impôt unique et direct sur le revenu net, tel qu'il sera établi au cadastre, après une péréquation générale. Ce système est si simple et si clair, qu'il pourrait être immédiatement appliqué.

2° Le capital n'ayant jamais été imposé en France, et la nécessité de remanier l'impôt, de lui donner une nouvelle assiette, surtout, étant généralement sentie des hommes qui se préoccupent de l'état déplorable de nos finances, il est juste que le capital rentre dans le droit commun, et supporte, comme tous, les charges de l'Etat.

3° Le taux légal de l'intérêt de l'argent n'étant pas en harmonie avec le revenu net de la terre, j'ai démontré que, par la différence des revenus, le capital, en quarante ans, dévore une valeur de terre égale à lui. Je demande donc la réduction du taux légal de l'argent à trois pour cent. Je sais que l'argent est une marchandise; mais il est des marchandises, dans les Etats, dont on limite le prix.

4° J'ai appelé le commerce à partager les charges de l'Etat, et j'ai prouvé qu'il est facile de connaître son revenu. Le commerce a trop d'intérêt à la stabilité, à l'ordre et au progrès, pour qu'il n'acquitte pas cette charge sans murmurer; il n'a qu'à gagner à cela.

5° Quant aux fonctionnaires que je propose d'imposer, je n'ai rien à dire. Si la Patrie doit trouver des sympathies et de l'écho quelque part, c'est assurément dans le cœur de ceux qu'elle traite si magnifiquement.

Maintenant, Messieurs, j'ai fini... Je sens tout ce qu'il me resterait à dire sur une aussi haute et aussi grave question, mais, comme je l'ai démontré, il ne m'a été permis de dire que ce qu'il m'était donné de savoir... Voilà pourquoi je n'ai pas voulu vous donner des chiffres, n'étant par très sûr de leur exactitude et ne voulant pas appeler une discussion interminable. Je les publierai dès que j'aurais pu m'assurer de leur exactitude.

Je n'ai pas non plus la prétention de faire adopter

mes idées ; je les soumets seulement à votre examen. Si, dans ce système, il y a quelque chose de bon et d'applicable, d'autres s'en empareront et feront mieux que moi. J'aurai seulement porté la première pierre à l'édifice... Là se borne toute mon ambition.

HENRI NABOS,
Maire de la Ville de Marciac et Membre du Conseil-gén. du Gers.

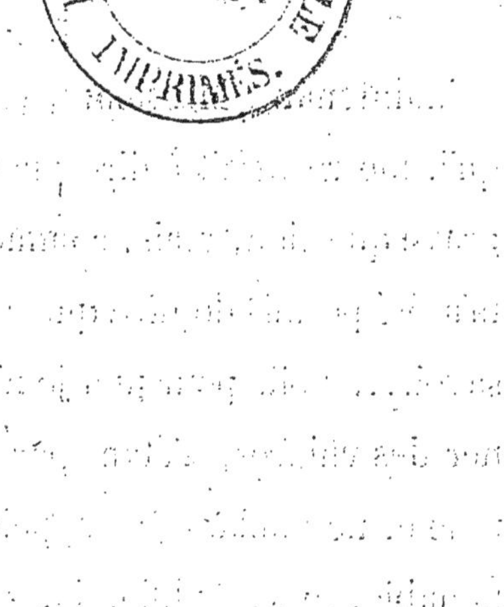

Auch, Typogr. Loubet.

TIMBRE NATIONAL
CENT.
5.

www.ingramcontent.com/pod-product-compliance
Ingram Content Group UK Ltd.
Pitfield, Milton Keynes, MK11 3LW, UK
UKHW020528230726
13925UKWH00005B/2255

9 782014 025057